ESTRATÉGICO DE CRESCIMENT O DO NEGÓCIO

PEQUENAS MELHORES IDEIAS DE NEGÓCIOS PARA INICIANTES

Prof: Sehal Ahmad

Índice:

Notícia legal:

Aviso de isenção de responsabilidade:

Observe que as informações contidas neste documento são apenas para fins educacionais e de entretenimento. Todo esforço foi feito para apresentar informações precisas, atualizadas, confiáveis e completas. Nenhuma garantia de qualquer tipo é declarada ou implícita. Os leitores reconhecem que o autor não está envolvido na prestação de aconselhamento jurídico, financeiro, médico ou profissional. O conteúdo deste livro foi derivado de várias fontes. Por favor, consulte um profissional licenciado antes de tentar quaisquer técnicas descritas neste livro.

Introdução

Estratégias de crescimento são importantes porque mantêm sua empresa trabalhando com pretensões que vão além do que está passando no momento do pedido.

Eles mantêm líderes e trabalhadores concentrados e alinhados e o levam a pensar no longo prazo.

Uma declaração de visão explica o que sua empresa alcançaria se não houvesse paredes. É uma descrição – para seus investidores, acionistas, amigos, convidados e trabalhadores – de onde você poderia estar cinco, dez ou mesmo vinte vezes, e o impacto que gostaria que sua pequena empresa tivesse no mundo.

Então, você está pronto para expandir seus negócios e se tornar uma pessoa de sucesso?

Em seguida, role para cima e clique no botão "Adicionar ao carrinho" agora!

1: Imagine sua visão:

Uma declaração de visão explica o que sua empresa alcançaria se não houvesse paredes. É uma descrição – para seus investidores, acionistas, amigos, convidados e trabalhadores – de onde você poderia estar cinco, dez ou mesmo vinte vezes, e o impacto que gostaria que sua pequena empresa tivesse no mundo.

Deve ter havido um motivo para iniciar seu negócio específico. Você deve ter interesse, habilidade ou razão para começar a negociar. E você pode sentir que pode administrar uma pequena empresa, no dia a dia, sem que o 'balanço de marketing' de uma declaração de visão atrapalhe. Mas uma declaração clara pode ajudá-lo a fazer esse negócio de duas maneiras.

Uma boa declaração de visão ajuda você a articular a força motriz do seu negócio.
Uma grande declaração de visão motiva e inspira sua piscina (e convidados).

em vez de, para ilustração, afirmar: "Quero fazer as mesas de reuniões de alta qualidade, mais populares e lindamente elaboradas do Reino Unido", você diria: "Quero fazer uma empresa que ajude as pessoas a se unirem como companheiras de negócios. " É um senso de direção firme. É realmente concreto se for extremamente ambicioso e ajuda todos a entender para onde você está indo, para que possam ajudá-lo a chegar lá. Particularmente para os investidores, uma declaração de visão clara é um sinal de moralidade particular e provocações por estar no negócio.

Conjure grande. Imagine um mundo, daqui a 20 ou 50 vezes, que seja totalmente melhor de alguma forma. Agora imagine as maneiras pelas quais sua empresa pode ter contribuído para essa mudança. Como é esse mundo para você? Como as pessoas vivem de outra forma? O que sua empresa estaria produzindo ou entregando como um serviço e como isso difere do que você está fazendo no momento?

Isso não significa permitir sobre seus lucros e perdas, inescapavelmente. Significa permitir sobre como você pode expandir, desenvolver novos produtos, venha o 'osso número

' em seu pedido, ou admitir o maior número de elogios em um setor. Anote exatamente o que o diferencia aos poucos de seus adversários. Seu sucesso como proprietário de uma pequena empresa depende de você e de sua contribuição para as operações da empresa.

Use o caso de sua sessão de descoberta para cristalizar suas pretensões de longo prazo na visão de seu negócio. Não se preocupe se, para começar, soar "muito alto". E não se preocupe em incluir uma lista de pontos específicos. Isso deveria ser inspirador.

As palavras específicas que você escolhe são importantes porque produzem significado e emoção. Use linguagem clara, concisa e sem gírias – mas insemine suas decisões ou expressões com paixão e palavras descritivas também.

Trabalhe nas variações da visão até que reflitam a natureza específica de seu pequeno negócio e pelotão. A parte mais difícil é escolher palavras que definam seus valores sem soar muito vago.

As declarações de missão são fundamentadas no presente e transmitem às partes interessadas e aos membros da comunidade por que uma

negócio existe e onde ele está atualmente. As declarações de visão são inatas e têm como objetivo inspirar e orientar os funcionários.

"A visão é sobre suas pretensões para o futuro e como você chegará lá, enquanto a cobrança é sobre onde você está agora e por que vive", disse Paige Arno-Fenn, autora e CEO da suckers & Captains, uma publicação global estabelecimento de consultoria de marketing estratégico. "

A visão deve motivar o pelotão a fazer a diferença e fazer parte de uma mercadoria maior que eles próprios. "

As declarações de missão e as declarações de visão são essenciais para a construção de uma marca. "Enquanto uma declaração de cobrança se concentra no objetivo da marca, a declaração de visão visa o cumprimento desse objetivo", disse Jessica Honard, co-CEO da North Star

Messaging Strategy, um estabelecimento de direitos autorais e mensagens que atende a empreendedores.

Embora as declarações de responsabilidade e visão devam ser os rudimentos básicos de sua associação, uma declaração de visão deve servir como luz orientadora de sua empresa.

"Uma visão é uma aspiração; uma cobrança é viável ", disse Jamie Salkowski, principal diretor de criação da empresa de marketing e despachos Day One Agency.

Criar a declaração de visão perfeita pode parecer convidativo, mas não precisa ser. Siga estas sugestões e práticas elegantes ao lançar sua declaração de visão.

Não se preocupe se achar que uma declaração de visão curta não expressa completamente as complicações de sua visão. Você pode produzir uma interpretação mais longa, mas não deve ser o osso.

Você transmite para o mundo.

Sejamos honestos – a maioria dos líderes empresariais, para não mencionar os conselhos de administração, não será adequado para somar sua visão em um ou dois julgamentos apotegmáticos. Tudo bem", disse Shannon DeJong, proprietário da agência de marcas House of Who. "Tenha uma interpretação completa de sua visão apenas para os olhos da liderança. Suponha que a longa interpretação seja seu companheiro de referência para o motivo pelo qual você está no mercado em primeiro lugar.

Há uma análise rápida sobre o que fazer quando

padronizando sua declaração de visão

- Projete de cinco a 10 vezes no futuro.
- conjure grande e concentre-se no sucesso.
- Use o tempo presente.
- Use uma linguagem clara, concisa e sem gírias.
- inocule-o com paixão e torne-o inspirador.
- Alinhe-o com os valores e pretensões do seu negócio.
- produza um plano para comunicar sua declaração de visão aos seus funcionários.

- Prepare-se para dedicar tempo e dinheiro à visão que você estabelece.

Sua declaração de visão completa deve oferecer uma ideia clara do caminho a seguir pela sua empresa. Howard disse que muitos de seus convidados usaram suas declarações de visão para direcionar seus planos gerais para o futuro. Por exemplo, eles adotaram uma nova empresa de marketing para aproximá-los de sua visão, alternaram seu foco para refletir facilmente o crescimento solicitado ou dobraram-se em um aspecto específico de sua marca que está funcionando para atender a sua visão.

Determine onde sua declaração de visão aparecerá e qual parte ela servirá em sua associação. Isso fará com que o processo vá além de um exercício intelectual, disse Shockley. Não faz sentido pendurar uma declaração de visão no lobby ou promovê-la através dos canais de mídia social de sua empresa se você não integrá-la autenticamente à cultura de sua empresa.

"A declaração de visão do negócio deve ser permitida

como parte de seu plano estratégico", disse Shockley. "É uma ferramenta de despacho interno que ajuda a alinhar e inspirar seu pelotão a atingir as pretensões da empresa. "

Da mesma forma, você deve ver uma declaração de visão como um documento vivo que será redefinido e revisado. Mais importante ainda, deve falar diretamente com seus funcionários.

ainda assim, você não será capaz de realizá-lo", disse Keri Lindenmuth, "se seus funcionários não acreditarem na visão. "A declaração de visão deve ser uma mercadoria em que seus funcionários acreditam. Só eles também farão opiniões e adotarão uma conduta que reflita a visão de seu negócio."

À medida que sua empresa cresce e se expande, reconsiderar sua declaração de visão pode lhe dar percepção sobre a direção que sua empresa está tomando e se você está no caminho certo para alcançar seus objetivos.

Você também pode usar sua declaração de visão em seus equipamentos promocionais e de marketing, seja exibindo-a em seu local de trabalho, postada na página da web/contas de mídia social da empresa ou incorporada como parte de sua marca comercial.

Explicamos o verdadeiro propósito da declaração de visão nesta composição, mas depois um breve memorial do que estamos tentando alcançar com uma declaração de visão da empresa

Amenizar o processo de tomada de decisão estabelecendo um 'limitador' que nos ajude a descartar empreendimentos estratégicos e aberturas que não estejam alinhadas com as pretensões de longo prazo do negócio.

Faça uma breve declaração sobre o que nossa associação está tentando alcançar para ajudar terceiros, como investidores ou a mídia, a nos entender melhor.

produzir uma forte Estrela do Norte que pode orientar e motivar os trabalhadores em tempos delicados, se for levado a sério.

Desenvolva uma declaração de visão envolvente que seja um dos rudimentos cruciais da cultura empresarial próspera.

A linha inferior é que uma declaração de visão não é apenas algo bom de se ter. Ele deve ser incluído em todos os planos de negócios e discussões estratégicas, especialmente durante o processo de planejamento estratégico, para garantir que a associação e seus departamentos permaneçam alinhados com sua visão e não sejam desviados.

Tenha em mente que a criação da visão não começa com sentar atrás de um escritório e escrever preto no branco. Entre em contato com as partes interessadas e os membros do pelotão que desempenharão um papel na realização da visão da empresa. Organize uma fábrica ou, se necessário, para comunicar ideias e obter feedback.

Este kit de ferramentas com um modelo e pasta de trabalho pode ajudá-lo com exercícios de brainstorming e navegar por todo o processo.

Como resultado, incluir outras partes interessadas no processo de criação da visão não apenas produzirá ideias, mas também obterá adesão desde a manhã, pois também será a visão deles.

Então, estão 8 dicas para ajudá-lo a escrever uma declaração de visão memorável

Mantenha-o curto - no máximo 2 decisões. Sua declaração de visão deve ser contundente e fácil de relembrar.

Torne-o específico para o seu negócio e descreva uma consequência única que só você pode oferecer.

Escreva no tempo presente.

Não use palavras que estão abertas à interpretação. Dizer que você maximizará o retorno do acionista em 2022 não significa nada, a menos que você especifique o que isso significa.

Simples é elegante. As pessoas tendem a complicar demais os efeitos, mas você deve deixar sua visão clara o suficiente para que as pessoas dentro e fora de sua associação entendam. Fique longe de gírias, presunções e chavões de negócios.

Deve ser ambicioso o suficiente para deixar as pessoas agitadas, mas não tão ambicioso que pareça insolúvel.

Uma declaração de visão não é uma coisa única e deve evoluir com o seu negócio. Ao fazer um brainstorming de sua visão para o futuro, atenha-se a um cronograma de cinco tempos. É um ambicioso

final que está longe o suficiente para trabalhar, mas não muito longe para que a associação perca o foco e o compromisso.

A visão deve estar alinhada com os valores centrais da sua empresa. Aprofundamos os valores da empresa nesta composição, mas depois de criar os valores da empresa, você deve revisar sua visão para ver se ela se alinha.

2: Visão para Agir:

Quando você começar a escrever uma declaração de visão, considere como deseja que as pessoas se sintam e como o mundo será um lugar melhor quando sua empresa seguir sua visão. suponha sobre seus produtos e serviços, como eles estão aperfeiçoando o momento da vida das pessoas e qual será o efeito disso no futuro.

Portanto, não deve ser muito vago ou esotérico. Não deve ser um exercício de crack-box. No entanto, também esse é o motivo errado, se você está escrevendo uma declaração de visão apenas porque ainda não tem uma. Deve ser escrito porque você deseja colocar a equipe no mesmo corredor, motivado e inspirador, engajado por uma mercadoria maior do que qualquer outra existente, para que eles trabalhem com o objetivo de fazer a diferença, não permitindo seus fins de semana ou pagando suas hipotecas.

A declaração de visão precisa definir um mundo ainda não nascido melhor; aquele que sua empresa pode ajudar a tornar realidade.

ainda assim, veja também quantos funcionários realmente sabem sobre isso e podem recitá-lo, se uma declaração de visão existir anteriormente. Quanto mais curto e conciso, melhor, pois deve ser prontamente compreendido, relembrado e aplicado.

Escrever uma declaração de visão não precisa ser um desafio; pode ser um exercício útil para definir por que sua empresa está negociando e seu futuro. É um ótimo exercício para permitir outras mercadorias além de plutocratas e ganhos. Ele pode ajudar a fazer uma sinopse de seus ideais centrais e medidor de proporção. Isso dará ao seu negócio uma direção e destino específicos com um foco claro e maior consonância para uma melhor cooperação e colaboração.

Ao escrever uma declaração de visão, considere o que é único ou diferente sobre o que você faz e torne-o o mais mortal possível, de modo que se conecte com a necessidade das pessoas de um senso de propósito. Ele precisa inspirar as pessoas a se levantar em uma manhã gelada de inatividade, com 10 bases de neve ao ar livre, e ir trabalhar.

Lançar uma declaração de visão combina ideias, criatividade e estudo profundo. É elegante rastrear por que o(s) autor(es) criou(m) o negócio em primeiro lugar. A visão original pode ter mudado, mas ainda assim é um bom lugar para começar. Que ocasião original eles identificaram? Pode ser que os diretores não sejam os melhores criadores de palavras, portanto, usar um redator criativo pode ajudar a extrair as palavras de uma maneira mais breve e envolvente.

Uma declaração de visão pode ser produzida como uma comunicação em vídeo para envolver e comunicar de uma forma que funcione melhor do que emoldurá-la e colocá-la na parede ou pasta de um escritório.

Ainda assim, também vale a pena considerar por que isso acontece e alterá-lo – ou a empresa para a qual você trabalha, se a declaração de visão não for motivadora para você ou para ninguém de forma diferente. Define por que a empresa existe, por isso precisa ser ambiciosa para motivar e inspirar a todos.

Deve produzir uma imagem interna sólida do que sua empresa fará por seus convidados no futuro. da mesma forma, pode ajudar a orientar a definição dos valores da empresa.

A declaração de visão tem que ser mais do que apenas palavras e um exercício de planejamento de negócios, ela precisa ser transformada em ações, comportamentos e estações. A declaração de visão não é mercadoria para ser feita, polvilhada e esquecida como parte de uma sessão de estratégia. Deve vir mercadoria que mude a cabeça das pessoas, as faça rever e agir de forma congruente com ela. Nesse sentido, fortalecerá a cultura da empresa. Portanto, escrever a declaração de visão é apenas 20% do trabalho, o resto é a cereja do bolo, tornando-a real e realizada.

Uma declaração de visão precisa ser romântica, se não está levando a humanidade adiante de alguma forma, presumivelmente não vale a pena prosseguir e, finalmente, a energia se dissipará da empresa e ela perderá força.

Uma boa declaração de visão pode gerar invenções e novas ideias à medida que a equipe se torna criativa ao pensar em maneiras de ajudar a concretizar a visão mais cedo. No entanto, sua equipe desejará chegar lá mais cedo, se for um destino claro e inspirador.

Deve ajudar a fortalecer as brigadas, pois todos têm um propósito comum.

Ele precisa fazer parte da cultura da empresa e não apenas ser colocado em um porta-retrato e deixado na parede. Como já dissemos, ele pode ser utilizado como uma ferramenta de despachos para funcionários e diretores para ajudar a orientar as opiniões do planejamento estratégico.

Sua equipe deve ser comprada na declaração de visão e sentir que ela faz parte de suas próprias pretensões e obrigações.

É a cura para o foco sombrio que muitas empresas têm em obter ganhos de curto prazo. As empresas devem se perguntar: essa estratégia de curto prazo nos ajuda a concretizar a visão de longo prazo da declaração de visão ou a enfraquece?

Uma declaração de visão é um dos vários documentos de negócios que ajudam a definir o propósito da empresa e, portanto, precisa estar alinhada com outros documentos de negócios, como a declaração de cobrança, a estratégia e os valores essenciais. É um documento importante, assim como o processo de escrevê-lo, pois ajuda a definir a cultura da empresa. Não precisa ser gravado em lápide, mas a mudança deve ser feita apenas quando necessário, pois representa uma mercadoria que todos na empresa compram e acreditam.

Uma declaração de visão deve conter o seguinte

Seja conciso, inspirador e flashback fluente.

Seja uma mercadoria com a qual todos possam se relacionar, que ajudará a orientar a tomada de decisões todos os dias

Seja um motivo significativo para as pessoas quererem ingressar na sua empresa em primeiro lugar.

Seja específico para sua empresa, suas pretensões e bourns, mercadoria única que define sua marca

Inspire os funcionários e faça com que novos convidados queiram dar uma olhada em sua empresa, embora o marketing não seja seu objetivo principal.

Não deve parecer muito remoto e intocável, senão não será motivador ou muito fácil de negociar, pois não inspirará ninguém.

Deve estar de acordo com os valores da sua empresa

Deve ser uma mercadoria interessante, nova e envolvente que leve as pessoas a supor, ah sim, eu gosto dessa ideia, posso me conectar com isso

Relacione-se com o seu pedido, assim ele se conecta com eles; crianças, homens, mulheres, empresas, estudiosos, novamente, embora seu objetivo principal não seja vender

Ainda assim, no modo funcional e de sobrevivência, apenas passar pelos próximos três meses ou tempo pode ser a única precedência, se o seu negócio for verdadeiramente reativo e constantemente em combate a incêndios. nada estará interessado na declaração de visão.

ainda assim, se a comunicação for ruim, a confiança é baixa. Se a cultura não conduzir ao crescimento de longo prazo. Eles estarão mais interessados em seu próximo pagamento de hipoteca ou ocasião de trabalho.

talvez sua empresa não seja orientada por uma estratégia de visão geral, e alguns podem dizer que está tudo bem, como nesta composição da Forbes, mas isso não está certo. Pode funcionar a curto prazo, mas não a longo prazo.

Você já se envolveu em uma associação ou negócio que de maneira nenhuma parece realmente importante? De qualquer forma, por mais que você trabalhe, você apenas anda em círculos. O problema pode ser que você ainda não decidiu para onde quer ir e não criou um roteiro de como chegar lá. Do ponto de vista de uma associação, o problema pode ser que você não esteja se fixando no que deseja alcançar e como irá alcançá-lo. Abaixo estão uma série de maneiras ou declarações de como dar direção à sua associação.

A primeira é uma declaração de visão. Ele fornece um destino para a associação. Em seguida é uma declaração de cobrança. Esta é uma luz orientadora de como chegar ao destino. Estas são declarações críticas para a associação e as individualidades que dirigem a associação.

Visão – Visão geral do que você deseja alcançar.

carga – Declaração geral de como você alcançará a visão.

Uma declaração complementar frequentemente criada com a visão e o encargo é uma declaração de valores essenciais.

Valores Essenciais – Como você se portará durante o processo.

Depois de vincular o que sua associação deseja alcançar (visão) e geralmente como a visão será alcançada (cobrança), a próxima etapa é desenvolver uma série de declarações especificando como a carga será empregada para alcançar a visão

Estratégias – As estratégias são uma ou outras maneiras de usar a declaração de cobrança para alcançar a declaração de visão. Embora uma associação tenha apenas uma declaração de visão e uma declaração de responsabilidade, ela pode ter várias estratégias.

pretensões – São declarações gerais do que precisa ser cumprido para aplicar uma estratégia.

objetos – os objetos fornecem marcos específicos com uma linha de tempo específica para alcançar uma coisa.

Planos de Ação – Estes são planos de perpetração específicos de como você alcançará um ideal.

Uma discussão mais aprofundada dessas declarações é apresentada a seguir. Declarações para uma empresa de ilustração são entregues para explicação.

Declaração de Visão – Uma imagem interna do que você deseja negociar ou alcançar. Para ilustração, sua visão pode ser uma vinícola de sucesso ou uma comunidade economicamente ativa.

Visão de um Negócio Exemplo – Uma empresa familiar de laticínios de sucesso.

Declaração de Missão – Uma declaração geral de como a visão será alcançada. A declaração de cobrança é uma declaração de ação que geralmente começa com a palavra "para".

a cargo de um Exemplo de Negócio – Oferecer produtos lácteos únicos e de alta qualidade aos consumidores originais.

Valores essenciais – Os valores essenciais definem a associação em termos dos princípios e valores que os líderes seguirão ao realizar o condicionamento da associação.

Valores essenciais do exemplo de negócios

Concentre-se em ideias de negócios novas e inovadoras

Pratique altas normas éticas.

Respeite e cubra o terreno.

Atender às mudanças de requisitos e solicitações de hóspedes e consumidores.

As declarações de visão e cobrança são importantes para que todos os envolvidos na associação, inclusive os stakeholders externos, entendam o que a associação irá negociar e como será cumprido. Em essência, isso significa "manter todos no mesmo corredor", de modo que cada um esteja "puxando na mesma direção".

Existe uma estreita relação entre a visão e a carga. Como a declaração de visão é uma imagem interna estática do que você deseja alcançar, a declaração de cobrança é um processo dinâmico de como a visão será realizada. Para produzir declarações bem-sucedidas, você deve ter em mente as seguintes generalidades.

Simples – A visão e a cobrança norteiam o condicionamento cotidiano de cada pessoa envolvida no negócio. Declarações de visão e carga devem ser simples, concisas e fáceis de relembrar. Use apenas palavras suficientes para capturar a substância. As declarações precisam capturar a substância real do que sua associação ou empresa alcançará e como será alcançado. Portanto, as declarações de visão e responsabilidade devem ser um estudo único que pode ser carregado fluentemente na mente. Isso torna mais fácil para todos na associação se concentrarem neles. Para testar a eficácia de suas declarações, peça aos líderes, diretores e funcionários que lhe digam a visão e o comando de sua organização. No entanto, as declarações são de pouca utilidade, se não puderem dizer a você tanto a visão quanto a carga.

Mas isso não significa que será fácil produzir as declarações. Pode suportar vários rascunhos. declarações extremas são muito longas. As pessoas tendem a adicionar novas informações e qualificações às declarações. geralmente as novas informações apenas confundem a antologia e obscurecem a substância da declaração. Cada rascunho consecutivo da visão e encargo deve simplificar e esclarecer usando o máximo de palavras possível.

Processo fluido – As declarações não são "lançadas em lápide". Eles podem ser simplificados e modificados se a associação mudar de foco. Muitas vezes é bom escrever as declarações, usá-las por um período de tempo e também reabordá-las vários meses ou mais tarde, se necessário. Pode ser mais fácil desviar o foco da declaração naquele momento. Flash back, a razão pela qual você está escrevendo as declarações é para esclarecer o que você está fazendo.

Associações únicas e complexas – geralmente é mais importante escrever declarações para associações tradicionais onde o propósito da associação é único. O mesmo é verdade para associações complexas onde pode ser delicado filtrar a substância da realidade da associação.

Estratégias, pretensões, objetos e planos de ação

Uma vez que você tenha criado declarações de visão e carga, e concebivelmente valores centrais, você também pode desenvolver as estratégias, pretensões, objetos e planos de ação exigidos para estimular sua carga e alcançar sua visão.

Estratégias – Uma estratégia é uma declaração de como você vai conseguir o produto. Mais especificamente, uma estratégia é uma abordagem única de como você usará sua carga para alcançar sua visão. As estratégias são fundamentais para o sucesso de uma associação porque é aqui que você começa a delinear um plano para fazer commodities. Quanto mais exclusiva for a associação, mais criativo e inovador você precisa ser ao lançar suas estratégias.

pretensões – Uma coisa é uma declaração geral do que você deseja alcançar. Mais especificamente, uma coisa é um canto(s) no processo de execução de uma estratégia. exemplos de pretensões comerciais são

Aumente a periferia do lucro

Aumentar a eficácia

Capture um compartilhamento de solicitação maior

dar um melhor serviço ao cliente

Melhore o treinamento das mãos

Reduzir as emigrações de carbono

Certifique-se de que as pretensões estejam concentradas nos aspectos importantes da aplicação da estratégia. Tenha cuidado para não definir muitas pretensões ou você pode correr o risco de perder o foco. Além disso, planeje suas pretensões para que não se contradigam e se intrometam. Uma coisa deve atender aos seguintes critérios

Acessível É declarado de forma simples e fácil de entender?

Adequado Ajuda na aplicação de uma estratégia de como a cobrança alcançará a visão?

respeitável Isso se encaixa nos valores da associação e de seus trabalhadores membros?

Flexível Pode ser aclimatado e alterado conforme a necessidade?

objetos – Um objetivo transforma a declaração geral de uma coisa sobre o que deve ser cumprido em uma declaração específica, quantificável e sensível ao tempo do que será alcançado e quando será alcançado. exemplificações de objetos de negócios são

Ganhe pelo menos 20 por cento de taxa de retorno após o serviço em nosso investimento durante o próximo período financeiro

Aumente o compartilhamento de solicitações em 10% nas próximas três vezes.

Reduza os custos operacionais em 15% nas próximas duas vezes por meio do aprimoramento da eficácia do processo de fabricação.

Reduza o tempo de rechamada das consultas e perguntas dos clientes para não mais do que quatro horas.

os objetos devem atender aos seguintes critérios

Mensurável O que especificamente será alcançado e quando será alcançado?

Adequado Ele se encaixa como uma dimensão para alcançar a coisa?

factível É possível alcançar?

Comprometimento As pessoas estão comprometidas em alcançar o ideal?

Poder As pessoas responsáveis por atingir o ideal estão incluídas no processo de estabelecimento de objetivos?

Planos de Ação – Os planos de ação são declarações de conduta ou condicionamento específico que serão usados para alcançar algo dentro das restrições do ideal. exemplificações de planos de ação dentro do ambiente de pretensões e objetos são

coisa, ideal, plano de ação tabela 1

Os planos de ação podem ser declarações simples ou planos de negócios completos e detalhados, onde pretensões e objetos também estão incluídos. Os planos de ação também podem ser usados para aplicar uma estratégia inteira (chamada de planejamento estratégico).

Juntando tudo

Para ajudá-lo a entender a relação entre cada uma dessas declarações, exemplos de estratégias, pretensões, objetos e planos de ação são mostrados para uma associação empresarial projetada para melhorar a frugalidade pastoral por meio do desenvolvimento de negócios pastorais. Flash back, a visão é o que você deseja negociar. Missão é uma declaração geral de como você alcançará sua visão. As estratégias são uma série de maneiras de usar a carga para alcançar a visão. pretensões são declarações do que precisa ser cumprido para aplicar a estratégia. objetos são condutas específicas e cronogramas para alcançar a coisa. Planos de ação são condutas específicas que precisam ser tomadas para atingir os marcos dentro da linha do tempo dos objetos.

exemplificações

Conclusões

Criar as instruções descritas acima pode parecer muito trabalhoso. Mas essas declarações irão ajudá-lo a se concentrar nos aspectos importantes de sua associação ou negócio. No entanto, elas podem economizar plutocrata e tempo e aumentar as chances de que sua associação ou aventura comercial seja bem-sucedida, se feitas devidamente.

Pense nessas declarações como documentos vivos que podem mudar à medida que os requisitos da associação ou do negócio mudam. Com muita frequência, essas declarações são tratadas como "ossos icônicos" a serem armazenados em um local seguro. Mas, se você não os usa, você perdeu seu tempo.

Criar uma visão não é tão complicado quanto parece. Tudo se resume a mudar sua mentalidade e esclarecer o que você está procurando em sua vida e negócios. Dan Sullivan resume tudo a um simples julgamento: "Sempre faça seu futuro maior do que sua história".

Esqueça os truques sofisticados de marketing e as novas tecnologias; essa mentalidade simples é a estratégia elegante de crescimento do negócio. É particularmente importante festejar e concentrar-se no membro "maior que a sua história". Para se orientar sobre o que deseja fazer daqui para frente, você precisa usar os gestos de alfabetização e crescimento mais importantes de sua história.

Pergunte a si mesmo: "Qual foi minha maior área de aprendizado nos primeiros 90 dias?"

Pense nessa alfabetização específica e mantenha-a em mente durante a criação de sua visão e o crescimento de seus negócios. Relembrar seus maiores momentos de alfabetização sempre ajudará a orientar sobre a maneira elegante de seguir em frente e expandir seus negócios.

O elegante plano de estratégia de crescimento de negócios é o osso

que faz você seguir em frente. No entanto, você continuará ganhando instigação e expandindo seus negócios, se puder se concentrar em tornar seu futuro maior do que sua história.

Mas, por mais preciosa que seja essa mentalidade, não é relativamente suficiente. Vamos falar sobre como ser um pouco mais estratégico com sua visão e por que isso é tão importante para o crescimento dos negócios.

Como empreendedor, você tem uma ocasião única para se preparar aos poucos. Você pode dar um serviço precioso que nenhum osso

diferente pode oferecer ou um produto que se destaca acima de qualquer coisa diferente no pedido.

Você pode ajudar as pessoas de várias maneiras diferentes, mas se realmente quiser se diferenciar dos demais, precisará ser estratégico em relação à sua visão. No entanto, você pode realmente produzir todo um plano de crescimento de negócios no papel, se puder ser estratégico e específico sobre isso. A chave é concentrar-se no crescimento de longo, médio e curto prazo.

lançamento permitindo sobre como você gostaria que sua vida fosse em 25 vezes. Isso pode ir muito além do crescimento do negócio. Quais efeitos fazem você mais feliz na vida? O que é mais importante para você? O que você eventualmente quer do seu negócio e da sua vida? Anote esses efeitos.

Em seguida, pergunte a si mesmo: "O que precisa acontecer nas próximas dez vezes para chegar lá? " Não há necessidade de produzir uma lista específica de detalhes de ação então. Isso ainda pode ser bastante geral e amplo.

Depois de anotar isso, imagine o que precisa acontecer nas próximas cinco vezes para chegar lá. os efeitos devem estar ficando mais palpáveis então. Estes são os detalhes da ação que o ajudarão a esboçar sua estratégia de crescimento de negócios factual.

E vamos continuar a obter mais curto prazo Agora, suponha sobre o que precisa ser no próximo tempo para chegar lá. É importante supor sobre a instigação então. Esses efeitos não precisam ser feitos nos próximos tempos; eles só precisam estar em movimento. O que precisa ser iniciado nos próximos tempos para colocá-lo no caminho certo com sua estratégia de crescimento de negócios?

Eventualmente, é hora de supor no extremo curto prazo. O que precisa ser nos próximos três meses para manter sua confiança, foco e clareza? O que precisa ser feito para que você continue avançando e se permita trabalhar em direção aos efeitos importantes que delineou anteriormente?

E também, para dar um passo adiante, o que precisa ser feito na próxima semana para chegar lá? Elas não estarão inescapavelmente relacionadas diretamente à sua estratégia de crescimento de negócios e claramente não estarão diretamente relacionadas às suas pretensões de 25 vezes. Recomendamos fixar os cinco resultados mais importantes para a próxima semana.

Se você anotou tudo isso, adivinhe! Você acabou de criar seu plano de crescimento de negócios.

Mas este não é um tipo de coisa pronta. O verdadeiro crescimento dos negócios requer retrospecção constante. As pretensões e o caminho para o crescimento que você delineou mudarão com o tempo, à medida que sua empresa cresce e muda.

Napoleon Hill disse: "Qualquer ideia, plano ou propósito pode ser colocado na mente através da reiteração do estudo. "

É importante continuar voltando a este documento à medida que você expande seus negócios (e à medida que cresce como empreendedor). Não apenas os efeitos mudarão, mas quanto mais você revisar este documento, mais conectado ele ficará em sua mente.

Entendemos que criar sua visão pode ser delicado para você mesmo, e é por isso que é uma das primeiras

efeitos em que nos concentramos quando os empreendedores se juntam à nossa comunidade.

Muitos empreendedores sentem que não têm tempo para se dedicar à criação de sua visão. Quando você está tão focado em expandir seus negócios e manter seu pelotão nos trilhos, a ideia de recuar para supor o que deseja pode parecer ridícula.

Mas é importante relembrar por que você se tornou um empreendedor em primeiro lugar. Sim, você precisa expandir seu negócio, mas também precisa se concentrar em transformá-lo no negócio que deseja. Ao contrário das pessoas extremas, você tem a liberdade de produzir sua vida ideal. Seu crescimento como empreendedor deve ser delicioso! Você deve aproveitar o crescimento do seu negócio.

Que cada um começa com uma visão

Quando fiz minha doação TEDx sobre Transformação, descrevi três fatores principais para o desenvolvimento de um negócio ou aventura de sucesso. Como o nome da minha empresa é Keep Allowing Big, esses três fatores significam GRANDE de forma acessível.

B – Crenças

O que você acredita sobre você, seu pelotão e seu produto ou serviço. Esta é a sua visão e sonho.

I – Intencionalidade

Deve chegar um momento em que nossas crenças impactam nossas vidas e entramos em novas áreas pela primeira vez. É aqui que entra a estratégia. É quando passamos do destaque para a ação.

G – Crescimento

Quando temos as crenças, a visão e o sonho certos misturados com uma estratégia proposital para que sejam trabalhados, avançamos para o crescimento. Vemos e testemunhamos o crescimento de uma forma que não tínhamos à frente.

Quando começamos a jogar GRANDE, avançamos em expedientes e perspectivas do que é possível. Nós não apenas permanecemos no 'campo de conjuração', mas nós o vivemos e crescemos em tudo o que podemos.

3: Plano de financiamento antes de iniciar o negócio

O apoio é exigido para iniciar um negócio e aumentá-lo até a lucratividade. Existem várias fontes a serem consideradas ao procurar por suporte de inicialização. Mas primeiro você precisa considerar a importância do plutocrata de que precisa e quando precisará dele.

Os requisitos fiscais de uma empresa variam de acordo com o tipo e o tamanho da empresa. Por exemplo, as empresas de processamento geralmente são ferozes em termos de capital, consumindo grandes quantidades de capital. As empresas de varejo geralmente têm um capital menor.

Dívida e capital são as duas principais fontes de apoio. Subvenções do governo para financiar certos aspectos de um negócio podem ser uma opção. Além disso, impulsos podem estar disponíveis para detectar em certas comunidades ou encorajar condicionamento em particular diligência

Equilíbrio financeiro:

Equity Backing significa trocar uma parte do poder do negócio por um investimento fiscal no negócio. A participação de poder decorrente de um investimento de capital permite que o investidor participe dos ganhos da empresa. O patrimônio líquido envolve um investimento infinito em uma empresa e não é reembolsado pela empresa em uma data posterior.

O investimento deverá ser devidamente definido numa realidade empresarial formalmente criada. Uma participação acionária em uma empresa pode ser na forma de unidades de classe, como no caso de uma empresa de responsabilidade limitada, ou na forma de ações ordinárias ou preferenciais, como em um pote.

As empresas podem estabelecer diferentes classes de ações para controlar os direitos de voto entre os acionistas. além disso, as empresas podem usar diferentes tipos de ações preferenciais. Por exemplo, os acionistas ordinários podem saltar, enquanto os acionistas preferenciais geralmente não podem. Mas os acionistas ordinários são os últimos na fila para os meios da empresa em caso de abandono ou ruína. Os acionistas preferenciais admitem uma gorjeta destinada antes que os acionistas ordinários admitam uma gorjeta.

Capital de risco:

O capital de aventura refere-se ao apoio que vem de empresas ou indivíduos no negócio de investir em empresas jovens e de capital fechado. Eles dão capital para empresas jovens em troca de uma participação no poder do negócio. As empresas de capital de aventura geralmente não querem compartilhar o apoio original de um negócio, a menos que a empresa tenha operações com histórico comprovado. Geralmente, eles preferem investir em empresas que tenham feito investimentos patrimoniais significativos dos autores e anteriormente lucrativas.

Os investidores de capital de aventura também preferem negócios que tenham uma vantagem competitiva ou uma forte proposta de valor na forma de uma patente, uma demanda comprovada pelo produto ou uma ideia verdadeiramente especial (e passível de proteção). Frequentemente, eles adotam uma abordagem prática em seus investimentos, assumindo representação no conselho de administração e, ocasionalmente, contratando diretores. Investidores de capital de aventura podem dar orientações preciosas e conselhos de negócios. ainda assim, eles estão procurando por retornos substanciais em seus investimentos e seus objetivos podem estar em conflito com os dos autores. Freqüentemente, concentram-se em ganhos de curto prazo.

Empreendimentos de capital de aventura geralmente se concentram na criação de uma carteira de investimentos de negócios com potencial de alto crescimento e desempenho com altas taxas de retorno. Esses negócios são frequentemente investimentos de alto risco. Eles podem buscar retornos periódicos de 25 a 30 em sua carteira de investimentos como um todo.

Como geralmente são investimentos empresariais de alto risco, eles desejam investimentos com retornos antecipados de 50 ou mais. Assumindo que alguns investimentos empresariais retornarão 50 ou mais, enquanto outros falharão, espera-se que o portfólio geral retorne 25-30.

Mais especificamente, numerosos plutocratas aventureiros subscrevem a regra prática 2-6-2. Isso significa que geralmente dois investimentos renderão altos retornos, seis renderão retornos moderados (ou apenas retornarão seu investimento original) e dois falharão.

Ofertas de capital:

Nessa situação, a empresa vende ações diretamente ao público. Dependendo das circunstâncias, imolações de patrimônio podem levantar quantidades substanciais de finanças. A estrutura da imolação pode assumir inúmeras formas e requer uma supervisão cuidadosa do representante legal da empresa.

Empresas de Financiamento Comercial:

Empresas financeiras negociáveis podem ser consideradas quando o negócio não é adequado para garantir o apoio de outras fontes negociáveis. Essas empresas podem estar mais dispostas a calcular a qualidade da garantia para pagar o empréstimo do que o histórico ou as saliências de lucro de seu negócio. No entanto, uma empresa financeira negociável pode não ser o lugar elegante para garantir o apoio, se a empresa não tiver recursos ou garantias específicos substanciais. Além disso, o custo do plutocrata da empresa financeira é geralmente mais avançado do que outros credores negociáveis.

4: Faça uma Paixão:

Há tantas pessoas que querem acabar com o modelo de trabalho das 9 às 5 para se tornar um empreendedor. E porque não? O empreendedorismo é sexy agora. Você pode ganhar plutocrat sendo seu próprio mestre e ganhar muito ao fazê-lo. Parece a situação ideal para quem deseja controlar seu próprio trabalho enquanto ganha o plutocrata mais importante possível. Se fosse assim tão simples.

Antes de mergulhar fundo em sua fantasia de acreditar que ganhará milhões de ossos

sua primeira vez no negócio, você precisa ser realista sobre o que significa ser proprietário de um negócio. Levando em consideração que 67 das pequenas empresas falham na primeira vez, você terá que levar a sério ser um empreendedor se quiser ter sucesso. Isso se deve ao fato de que tantos aspirantes a empreendedores só pensam nos preços de um negócio de sucesso, sem admitir o processo necessário para produzir esses resultados. Não importa o quão ruim você espere pelo sucesso se não puder realizar a conduta que o ajuda a desenvolver um negócio de sucesso.

Essa etapa que falta é a razão pela qual tantas pequenas empresas falham na primeira vez. Você não deve criar um negócio apenas porque vê que alguém diferente teve sucesso ao operar o mesmo negócio. Seus resultados não garantem os mesmos resultados. É por isso que você só deve produzir um negócio pelo qual seja apaixonado.

A paixão é o que o leva ao sucesso, porque você se dedica totalmente a fazer seu negócio funcionar, não importa o quão difícil seja o processo. Muitos aspirantes a empreendedores não têm paixão por seus negócios. Eles realmente não têm paixão por fazer plutocratas. Eles simplesmente gostam da ideia de sucesso. Sem ter algum tipo de paixão impulsionando você, você não sobreviverá como um empreendedor porque a rotina de erguer um negócio o colocará em risco emocional, mental e fisicamente. Isso pode ser realmente difícil de superar sem ter um propósito ou paixão para levá-lo adiante.

Antes de começar um negócio, você precisa se perguntar se mantém a paixão necessária para ter sucesso. manter um negócio não é como ser uma mão e ter suas tarefas comandadas com antecedência. Você precisará produzir suas próprias pretensões que são apoiadas pela estratégia e empreendimento que você projeta. também você deve executar esta estratégia para fazê-la funcionar. Como você pode ver, você não trabalhará apenas 8 horas por dia. Vai parecer que você está trabalhando quase 24 horas todos os dias para tornar seu negócio bem-sucedido. Agora pergunte a si mesmo se você pode manter esse tipo de herança de trabalho 7 dias por semana até que eventualmente crie um negócio de sucesso. também o trabalho não para por aí, porque você precisará sustentar esse problema para manter um negócio de sucesso. Lá'

ainda assim, você precisará ser apaixonado pelo processo empreendedor, se o que você quer é produzir um negócio de sucesso.

Aqui estão 5 maneiras pelas quais a paixão se traduzirá em um negócio de sucesso:

1: Os investidores acharão você mais atraente

Não importa quão grande é a sua ideia de negócio se você não acreditar nela. Os investidores ouvem ideias todos os dias de pessoas que acreditam ter criado o próximo Facebook ou Snapchat. Esses investidores sempre avaliam se você está apenas esperando ter sorte ao seguir uma ideia que foi extremamente bem-sucedida para alguém diferente, ou se está perseguindo abertamente uma ideia pela qual é realmente apaixonado. Quando você está perseguindo o sucesso dos outros, você desistirá facilmente quando os resultados que deseja não forem obtidos com fluência. Isso torna os investidores cautelosos porque não querem colocar seu plutocrata nas mãos de quem desistirá quando enfrentar um pouco de oposição. É por isso que os investidores buscam paixão tanto quanto procuram um bem permitido

- nosso produto apoiado por um forte modelo de negócios.

2: Sua paixão superará seu medo do fracasso:

Sim, o fracasso é verdadeiramente real e deve ser concedido. O que você deve relembrar é que lidará com obstáculos e desafios ao longo do caminho, não importa o quão cuidadoso você seja. O que importa é o quão bem você supera essas questões para ter sucesso.

No entanto, você também nunca obterá o sucesso que procura. Se os pequenos resultados o levarem a adivinhar sua decisão de se tornar um empreendedor. Você terá que bloquear o medo do fracasso e se concentrar apenas em produzir resultados bem-sucedidos para manter seus estudos positivos.

3: Você terá a motivação para perseverar:

Criar um negócio é um lance assustador. Não há caminhos para o sucesso, o que significa que você deve suportar longos dias e noites até que seu suor acabe compensando. Existem apenas muitas pessoas que podem manter uma posição de foco tão casada, especialmente quando não há deleite imediato ocorrendo. Isso significa que você pode ficar literalmente vezes sem ser pago porque o plutocrata que seu negócio gera está sendo reinvestido na incubação de seu crescimento.

Pensamento de longo prazo semelhante é típico de empreendedores apaixonados e bem-sucedidos. Eles enfrentam as tempestades da vida de um empreendedor de bom humor, ficam mais tempo, trabalham mais e fazem aquela nova viagem para encontrar um investidor ou cliente implícito. Eles persistem. A verdadeira paixão se mostra em quão bem ele enfrenta desafios e quão bem se prepara para desafios semelhantes.

4: Os clientes apreciarão sua integridade:

Os convidados perceberão quando você estiver tentando vender seu produto por desespero ou apenas pelo plutocrata, em vez de paixão por um grande resultado para seus problemas. Quando você não tem esperança de fazer uma negociação, isso significa que você não tem uma base de clientes ativa, o que fará com que os clientes em potencial questionem por que esse é o caso. Seus estudos serão de que seu produto não vale a pena ser comprado ou que seu atendimento ao cliente afasta os clientes. No entanto, em algum momento sua dissimulação aparecerá: Se você está apenas querendo ganhar dinheiro rápido. De qualquer forma, essas são compreensões negativas que dificultarão a sua negociação.

A maneira elegante de conquistar convidados é realmente acreditar e ter paixão por fornecer resultados exclusivos para os problemas de seus hóspedes. Quando você trabalha para entender quais são seus problemas e produz resultados que são personalizados para resolver seus problemas, você descobrirá que as pessoas são amplamente positivas em serem seus clientes.

5: Você está garantindo o sucesso a longo prazo:

Quando você mantém uma paixão pelo seu negócio, seu sucesso é o seu foco principal. Isso significa que você trabalhará arduamente para produzir um produto que seja exigido por seus clientes-alvo. Você trabalhará para oferecer um atendimento elegante ao cliente que mantém seus hóspedes vivos fiéis ao seu negócio. Todo o seu foco é produzir sucesso de longo prazo para o seu negócio, em vez de passar resultados de curto prazo que não podem ser recuperados.

suponha sobre a ideia de negócio que você tem em mente. Você está disposto a trabalhar dia e noite até que seu negócio eventualmente se pareça com a visão em sua mente? Sua paixão deve levá-lo a superar, não importa o quão delicada seja a viagem para o sucesso. Pode parecer que não vale a pena enquanto você está afundado no processo de chegar lá, mas as redes acabarão por justificar os problemas que você teve que suportar e as ofertas que você fez.

5: Crie uma nação de crescimento empresarial:

A cultura da empresa é um dos aspectos mais importantes do desenvolvimento de uma empresa. As empresas crescem quando adotam uma cultura de invenção, criatividade e colaboração.

A cultura não é apenas um acréscimo ao seu negócio, é a própria base sobre a qual você constrói todos os outros aspectos da sua empresa. os trabalhadores devem entender como seu trabalho contribui para o sucesso da associação e sentir-se empoderados para enfrentar armadilhas sem medo de represálias.

Muitas empresas não entendem por que a cultura é importante e, da mesma forma, não dedicam tempo ou energia suficientes para cultivá-la. Neste post, mostraremos como você pode cultivar a cultura da sua empresa para ajudar a expandir seus negócios.

Expansão do mercado

A estratégia alternativa de crescimento é a expansão de pedidos. Para buscar a expansão do pedido, uma empresa deve primeiro identificar novos pedidos que possam entrar.

Também desenvolve produtos ou serviços que atendem a essas novas solicitações e trabalha para conquistar hóspedes neste mercado. No entanto, eles devem

Se uma empresa optar por se envolver nesta estratégia.

Insira novas solicitações geográficas

Insira novas partes do cliente dentro das solicitações

Desenvolver novos canais de distribuição.

Desenvolvimento de produto

Ao se engajar no desenvolvimento de produtos como estratégia de crescimento escolhida, uma empresa deve primeiro identificar novos produtos ou serviços implícitos que ela poderia oferecer.

Isso requer um investimento menor, pois uma empresa pode colocar mais plutocratas em seus departamentos de P&D, bem como uma cultura mais ambiciosa dentro do estabelecimento.

Crescimento liderado pelo produto

As empresas de crescimento lideradas por produtos são aquelas que crescem principalmente por meio da renúncia e expansão de seus produtos, e não por meio de outros canais semelhantes, como marketing ou desenvolvimento de negócios.

Em vários casos, as empresas de crescimento lideradas por produtos têm um modelo freemium, em que o produto principal é oferecido gratuitamente e novos recursos ou serviços são cobrados.

Existem muitas características cruciais que definem uma empresa de crescimento liderado pelo produto

O produto é o principal motor do crescimento

O produto é oferecido gratuitamente ou possui um modelo freemium

A empresa se concentra na adesão do maconheiro ao invés do crescimento do lucro

A empresa depende muito do boca a boca e do marketing viral

A empresa tem um forte foco em retenção e engajamento

Existem inúmeros exemplos de empresas que usaram com sucesso uma estratégia de crescimento liderado pelo produto para alcançar escala.

O Slack, plataforma de despachos empresariais, é um dos exemplos mais conhecidos. O Slack cresceu de zero para 10 milhões de drogados em apenas 18 meses, principalmente por meio do boca a boca e do marketing viral.

Agora que discutimos como as empresas podem crescer, vamos explorar os benefícios de uma cultura forte em uma empresa e como ela pode realmente levar ao crescimento.

Níveis de estresse reduzidos

A cultura não é apenas fundamental para a forma como as pessoas trabalham juntas, mas também afeta o bem-estar das mãos, tanto fora quanto fora do escritório. Uma cultura forte pode ajudar a reduzir o estresse e aumentar a produtividade, permitindo assim que você realize reuniões e eventos de negócios mais bem-sucedidos.

Entendendo a Cultura Corporativa

A atenção plena da cultura comercial ou organizacional em empresas e outras associações semelhantes às universidades surgiu na década de 1960. O termo "cultura comercial" desenvolveu-se no início dos anos 1980 e tornou-se amplamente conhecido nos anos 1990. A cultura comercial foi usada naquela época por diretores, sociólogos e outros acadêmicos para descrever o caráter de uma empresa.

Importância da Cultura Corporativa

Uma cultura corporativa cuidadosamente considerada, até mesmo inovadora, pode elevar as empresas acima de seus concorrentes e apoiar o sucesso duradouro. Tal cultura pode:

- Proporcionar um ambiente de trabalho positivo
- Criar uma força de trabalho engajada, entusiasmada e motivada
- Atraia funcionários de alto valor
- Reduzir o volume de negócios
- Impulsione e melhore a qualidade e a produtividade do desempenho
- Resultar em resultados comerciais favoráveis
- Sustentar a longevidade de uma empresa
- Fortalecer o retorno sobre o investimento (ROI)
- Forneça uma vantagem competitiva implacável
- Esclareça para os funcionários os objetivos de seus cargos, departamentos e da empresa em geral

6: Análise de mercado para estudar a luta no crescimento dos negócios:

Uma análise de solicitação pode ajudá-lo a identificar como posicionar melhor sua empresa para ser competitiva e atender seus hóspedes.

1. Uma análise de solicitação é uma avaliação completa de uma solicitação dentro de uma assiduidade específica.
2. Uma análise de solicitação tem inúmeros benefícios, como reduzir a ameaça para o seu negócio e informar melhor suas opiniões de negócios.
3. Existem sete maneiras de conduzir uma análise de solicitação.
4. Esta composição é para empresários que desejam saber por que devem realizar uma análise de solicitação e como fazê-lo.

Compreender sua base de clientes é uma das primeiras formas cruciais para o sucesso nos negócios. Sem saber quem são seus hóspedes, o que eles querem e como querem receber de você, sua empresa pode ter dificuldades para criar uma estratégia de marketing eficaz. É aqui que entra uma análise de solicitação. Uma análise de solicitação pode ser um processo demorado, mas é direto e fácil de fazer por conta própria em sete maneiras.

O que é uma análise de mercado?

Uma análise de solicitação é uma avaliação completa de uma solicitação dentro de uma assiduidade específica. Você estudará a dinâmica do seu pedido, como volume e valor, partes implícitas do cliente, padrões de compra, concorrência e outros fatores importantes. Uma análise de marketing completa deve responder às seguintes perguntas

1. Quem são meus convidados implícitos?
2. Quais são os hábitos de compra dos meus convidados?
3. Qual é o tamanho da minha solicitação de destino?
4. Qual a importância dos hóspedes dispostos a pagar pelo meu produto?
5. Quem são meus principais adversários?
6. Quais são os pontos fortes e os pecados dos meus adversários?

Quais são os benefícios de executar uma análise de marketing?

Uma análise de marketing pode reduzir ameaças, identificar tendências emergentes e ajudar a projetar lucros. Você pode usar uma análise de marketing em vários estágios do seu negócio e, de fato, pode ser salutar realizar uma sempre para se manter atualizado com as principais alterações na solicitação.

Uma análise detalhada da solicitação geralmente fará parte do seu plano de negócios, pois oferece uma compreensão menor de seus seguidores e concorrentes. Isso ajudará você a fazer uma estratégia de marketing ainda mais direcionada.

Estes são alguns outros benefícios importantes da realização de uma análise de mercado:

- Redução de ameaças Conhecer sua solicitação pode reduzir as armadilhas em seu negócio, pois você terá uma compreensão das principais tendências de solicitação, os principais atores em sua assiduidade e o que é necessário para ser bem-sucedido, tudo o que informará suas opiniões de negócios. Para ajudá-lo a cobrir ainda mais o seu negócio, você também pode realizar uma análise geek, que identifica os pontos fortes, os pecados, as aberturas e as armadilhas do seu negócio.
- Produtos ou serviços direcionados Você estará em uma posição muito melhor para atender seus hóspedes quando tiver uma compreensão firme

do que eles procuram de você. Quando você sabe quem são seus convidados, pode usar essas informações para ajustar as imolações de sua empresa às necessidades de seus convidados.

- Tendências emergentes Ficar à frente nos negócios geralmente significa ser o primeiro a identificar uma nova ocasião ou tendência, e usar uma análise de marketing para ficar por dentro das tendências de assiduidade é uma ótima maneira de se posicionar para aproveitar essas informações.

- saliências de lucro Um elenco de solicitação é um elemento crucial das análises de marketing mais avançadas, pois projeta os valores, características e tendências que ainda não nasceram em sua solicitação de destino. Isso lhe dá uma ideia dos ganhos que você pode antecipar, permitindo que você aclimate seu plano de negócios e, consequentemente, o orçamento.

- Marcas de avaliação Pode ser delicado avaliar o sucesso do seu negócio fora dos números puros. Uma análise de solicitação fornece marcas ou indicadores cruciais de desempenho com base nos quais você pode julgar sua empresa e avaliar seu desempenho em comparação com outras pessoas em sua assiduidade.

- ambiente pela primeira vez erros de cálculo A análise de marketing pode explicar os erros de cálculo do histórico de sua empresa ou anomalias de assiduidade. Para ilustração, a análise detalhada pode explicar o que impactou o comércio de um produto específico ou por que uma determinada métrica teve o desempenho que teve. Isso pode ajudá-lo a evitar erros de cálculo novamente ou passar por anomalias análogas, porque você será capaz de dissecar e descrever o que deu errado e por quê.

- Otimização de marketing É aqui que uma análise periódica de marketing é útil – a análise regular pode informar seus esforços de marketing em andamento e mostrar quais aspectos de seu marketing precisam ser trabalhados e quais estão tendo um bom desempenho em comparação com outras empresas em sua assiduidade.

Como fazer uma análise de mercado

Embora a realização de uma análise de marketing não seja um processo complicado, exige muita exploração dedicada, portanto, esteja preparado para dedicar um tempo significativo ao processo.

Estas são as sete maneiras de conduzir uma análise de solicitação:

Determine seu propósito:

Existem vários motivos pelos quais você pode estar realizando uma análise de solicitação, como para avaliar sua concorrência ou para entender uma nova solicitação. Seja qual for o motivo, é importante defini-lo para mantê-lo no caminho certo durante todo o processo. Comece decidindo se seu objetivo é interno – como aperfeiçoar seu fluxo de caixa ou operações comerciais – ou externo, como buscar um empréstimo comercial. Seu propósito determinará o tipo e quantidade de exploração que você fará.

Pesquise o estado da indústria.

Mapeie uma figura detalhada do estado atual de sua assiduidade. Inclua para onde a assiduidade parece estar indo, usando critérios como tamanho, tendências e crescimento projetado, com abundância de dados para apoiar suas conclusões. Você também pode realizar uma análise de solicitação relativa para ajudá-lo a encontrar sua vantagem competitiva em sua solicitação específica.

Identifique seu cliente-alvo.

Nem todo mundo no mundo será seu cliente, e seria uma perda de tempo tentar fazer com que todos se interessem pelo seu produto. em vez disso, use uma análise de solicitação de destino para decidir quem tem mais probabilidade de querer seu produto e concentre seus esforços nisso. Você quer entender o tamanho do seu pedido, quem são seus convidados, de onde eles vêm e o que pode afetar suas opiniões de compra. Para fazer isso, observe fatores demográficos como estes

- Idade
- Gênero
- posição
- Ocupação
- Educação
- Precisa
- Interesses

Durante sua exploração, você pode considerar a criação de um perfil de cliente ou persona que reflita seu cliente ideal para servir de modelo para seus esforços de marketing.

Entenda sua concorrência.

Para ter sucesso, você precisa de um bom entendimento de seus desafiantes, incluindo o acromatismo de seus pedidos, o que eles fazem além de você e seus pontos fortes, pecados e vantagens no pedido. Comece listando todos os seus principais adversários, também percorra essa lista e faça uma análise geek de cada candidato. O que esse negócio tem que você não tem? O que levaria um cliente a escolher aquele negócio ao invés do seu? Coloque-se no lugar do cliente.

Além disso, classifique sua lista de adversários do maior para o menor e decida sobre uma linha do tempo para realizar análises geek regulares de seus adversários mais ameaçadores.

7: Comprove suas vendas à prova de balas:

Planos de negócios são essenciais para qualquer empresa que queira se tornar plutocrata e alcançar suas pretensões. Mas, com muita frequência, os planos de negócios também estão ausentes ou executados de forma inadequada. Isso geralmente ocorre porque eles são vistos como demorados e delicados para serem montados. ainda assim, com a abordagem certa, criar um plano de negócios pode ser fácil e até prazeroso!

Então, há 10 maneiras táticas de produzir um modelo de plano de negócios à prova de balas

O que é um Modelo de Plano de Negócios

Um modelo de plano de negócios é um documento que descreve as pretensões e objetos de um pelotão de negócios ou vendedor individual. O modelo geralmente inclui seções sobre análise de solicitação, convidados-alvo, estratégias de negócios e vaticinadores de negócios.

1. Defina pretensões de negócios realistas

Antes de falarmos sobre como você fará negócios, vamos falar sobre pretensões.

Seu modelo de negócios precisa de uma coisa final. Você precisa definir um número – sejam negócios, convidados ou outra métrica – que o ajudará a determinar o sucesso do seu plano. Sem esse elemento crucial, será delicado acompanhar o progresso e fazer as mudanças necessárias ao longo do caminho.

Definir pretensões atingíveis, mas cansativas, para o seu pelotão é um dos efeitos mais importantes que você pode fazer como diretor de negócios.

Quando você está criando seu primeiro documento de planejamento de negócios, é normal estar errado sobre algumas de suas hipóteses e saliências. Certifique-se de modernizar o que precisa ser simplificado na hora de modernizar seu documento.

É importante que você modernize e revise seus processos de negócios conforme exigido. Dessa forma, você pode melhorar sua eficácia.

2. Defina claramente seus prazos e marcos

A única maneira de saber com certeza se suas hipóteses sobre o plano de negócios estão no caminho certo é dividir essa coisa grande em pretensões menores com cronogramas definidos.

Marcos de negócios são pontos em seu processo de negócios onde você faz check-in para ver se atingiu sua parte.

Criar pretensões claras e alcançáveis é essencial para qualquer processo de negociação bem-sucedido. Essas pretensões e seus cronogramas correspondentes devem ser cansativos, mas realistas. Eles devem ser investigados completamente e com cortesia, e devem ser criados de forma a motivar seus vendedores.

inicie dando uma olhada nos números de negócios do seu tempo anterior (se possível). Em seguida, compare esses números com os pares de assiduidade para ver como você se acumula. Isso deve lhe dar uma ideia de quão grande é o aumento que você precisa alcançar para atingir suas pretensões mensais.

Pergunte aos membros do seu pelotão o que eles fazem durante a semana de trabalho. Descubra quantas horas eles dedicam a negócios, sondagem e fechamento de negócios. Veja se eles têm algum tempo livre durante a semana para dedicar a outras tarefas.

Isso dará sabedoria real e frontal para definir suas pretensões de negócios.

Em seguida, defina suas pretensões e cronogramas. Estes devem ser verdadeiramente específicos e devem incluir um cronograma. Dessa forma, você pode acompanhar seu progresso e certificar-se de que está cumprindo suas metas no prazo.

3. Escolha um nicho para focar

O "nicho" de um negócio é a área que ele preenche, não apenas com seus produtos ou serviços, mas com seu conteúdo, cultura da empresa, marca e comunicação. Ele define como uma empresa é percebida pelos convidados e desafiantes da mesma forma.

Como empresário e investidor, Jason Zuck, aponta "Quando você tenta ser tudo para todos, você acaba não sendo nada para ninguém" de jeito nenhum.

Antes de realmente convidar um prospect para ser seu cliente, agregue valor à vida dele.

Quanto mais exposição você conseguir em seu nicho específico, maior a probabilidade de atingir suas pretensões e metas em seu plano de negócios.

Apegar-se a uma única solicitação de nicho não significa que você não possa expandir seus negócios. Comece fixando apenas um produto ou serviço em seu nicho e também expanda para uma solicitação quase afiliada.

Isso pode ajudá-lo a obter melhor visibilidade e aumentar suas chances de acertar suas pretensões de negócios.

Você pode enviar sua louça de barro feita à mão ou pode iniciar um conglomerado de guardanapos.

Ou conchas personalizadas?

Uma solicitação de nicho não é limitante. Está focado.

4. Conheça seu público-alvo

Não desperdice seu tempo ou plutocrata perseguindo aberturas ruins. Não deixe que eles encontrem o caminho para o seu canal.

Depois de vincular seu cliente ideal, é importante fazer uma exploração tão importante quanto possível sobre ele.

Então, o que exatamente você deve incluir sobre seu cliente-alvo em seu plano de negócios?

Depende do seu negócio e do seu campo, mas comece com alguns detalhes gerais, como número de funcionários, cargo e assiduidade em que você trabalha. Além disso, inclua características comuns de seus principais hóspedes ou o tipo de cliente que você gostaria de atrair.

Não se esqueça de considerar se eles serão adequados.

Um processo de qualificação de leads de negócios ajuda seu pelotão de negócios a descobrir quais convidados valem a pena buscar e quais ossos

não são.

Depois de vincular os tipos de empresas que gostaria de comunicar, comece a investigá-las. Descubra onde eles navegam online, que tipos de publicações eles leem e onde eles acessam a rede.

Depois de saber onde eles passam o tempo, é hora de entender o que eles assistem. Quais são seus pontos de dor? O que eles querem alcançar? O que eles valorizam? O que os motiva?

Coloque-se no lugar do seu cliente.

5: Crie uma Lista de Prospects

Agora que você vinculou seu cliente ideal, é hora de fazer uma lista para vender nessas empresas.

Uma lista de prospecção é a parte do nosso processo de negócios em que pegamos a exploração e a proposição das seções anteriores e as colocamos em prática.

Um banco de dados de convidados implícitos é a base de qualquer estratégia de negócios bem-sucedida. Esse banco de dados pode ser demorado para ser feito, mas é absolutamente crítico.

Use sua persona de cliente para encontrar os hóspedes ideais

Para fazer uma lista de alvos de negócios implícitos, comece sondando os clientes ideais. Você pode usar ferramentas como Linkedin, grupos de rede originais e Google para saber mais sobre sua empresa-alvo.

Concentre-se em 5 a 10 pessoas em cada empresa.

Ao alcançar mais de um cliente em potencial, você aumenta suas chances de alcançar a pessoa certa. Além disso, ao entrar em contato com várias pessoas, você aumenta a chance de que uma delas o relacione com a pessoa com quem você está tentando se comunicar.

Depois de ter sua lista de leads, é importante acompanhar como você configura cada cliente em potencial. Um sistema de CRM pode ajudá-lo a manter informações literais, ajudar suores indistinguíveis se você estiver trabalhando como parte de um pelotão de negócios e polarizar os dados de seus clientes.

A própria razão para iniciar um negócio é vender um produto ou serviço. O surpreendente, ainda, é que as empresas tendem a colocar seu foco no desenvolvimento de produtos e estratégias de marketing, negligenciando a necessidade de emprestar uma estratégia de negócios. Embora esses dois sejam importantes para garantir que você tenha produtos para vender e que as pessoas estejam apreensivas com o seu negócio, você pode perder em obter bons ganhos se justificar uma estratégia de negócios.

De maneira imaculada, uma estratégia de bons negócios define as táticas que você usará para adquirir novos hóspedes, vender mais produtos e serviços e fortalecer o relacionamento com os hóspedes. Todos os três são críticos se

você deve aumentar seus ganhos que levarão seu negócio para a próxima posição.

Pensando nisso, apresentamos 5 motivos pelos quais é importante ter uma estratégia de negócios em vigor para o seu negócio.

Conclusão

A partir dos pontos abaixo, você pode dizer facilmente que estará preparando seu negócio para o fracasso se garantir uma boa estratégia de negócios. Então, desça definindo suas pretensões de negócios, a viagem dos convidados antes e depois da negociação, formas de melhorar a satisfação do cliente entre outros aspectos aplicáveis à negociação de seus produtos. Além disso, inclua resultados práticos que o ajudarão a alcançar essas pretensões.